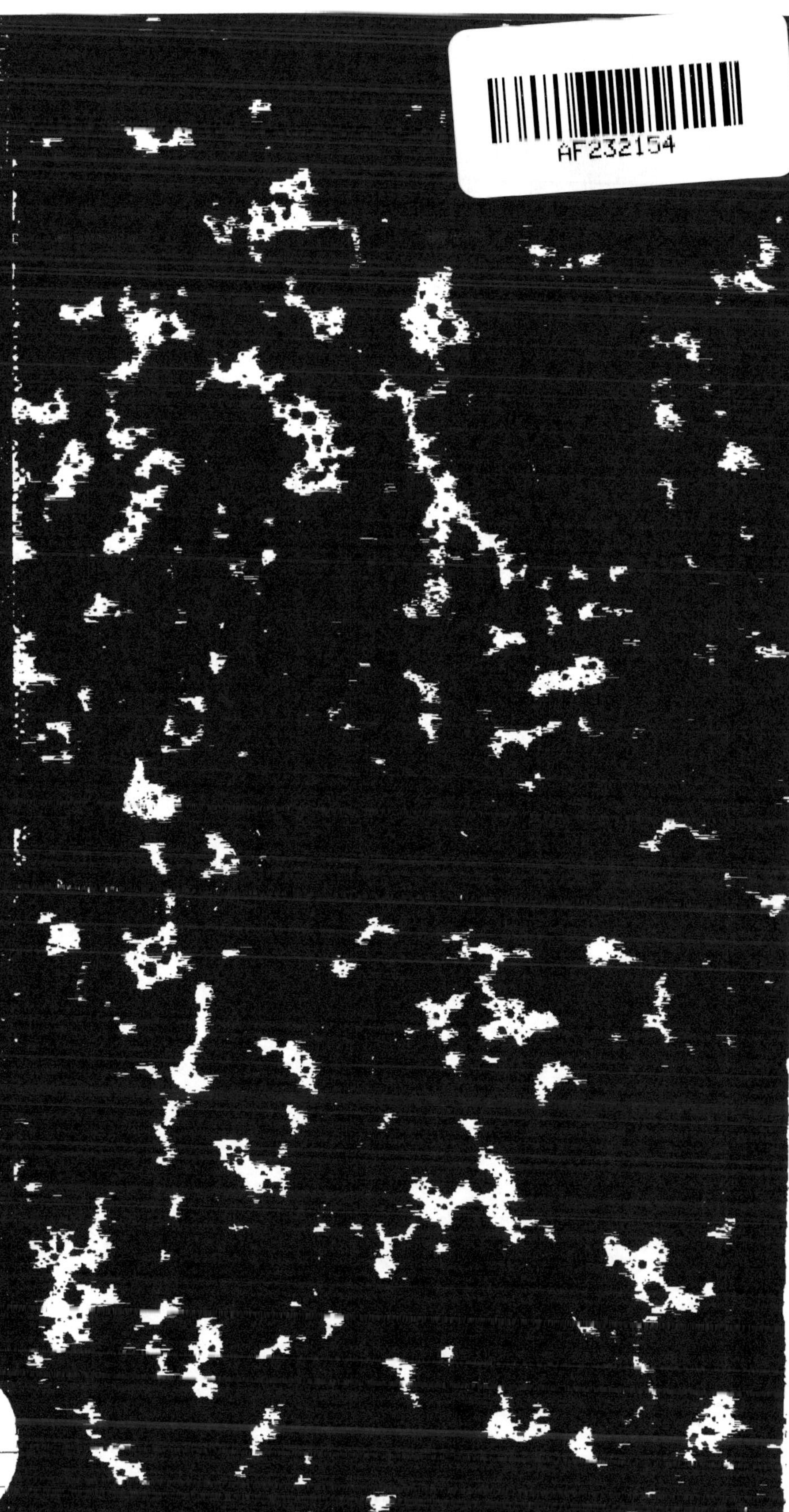
AF232154

RÉTABLISSEMENT

DU

CRÉDIT PUBLIC,

OU

*Moyens de faire reparoître le Numé-
raire, et de procurer aux Assignats
la confiance qui leur est due.*

Par FRANÇOIS-NOEL LEFEVRE, citoyen
de la section des Gravilliers.

L'AN DEUXIEME DE LA REPUBLIQUE.

NOTE DE L'AUTEUR.

J'AI fait hommage à l'assemblée nationale, le 18 Février dernier, d'un mémoire manuscrit, dans lequel je traitois les mêmes objets que je traite dans celui-ci. L'assemblée nationale le renvoya, avec mention honorable, au comité de l'extraordinaire des finances, où il est resté sans suite, probablement parce que le rapporteur auquel il a été remis n'a pas eu le tems de s'en occuper, ni peut-être même de le lire. Persuadé, d'après l'opinion de diverses personnes éclairées, que mes idées peuvent être utiles, je me suis déterminé à les retravailler et à les faire imprimer, dans l'espérance qu'étant alors plus répandues, elles pourront engager quelques-uns des membres de la convention qui voudront bien les lire, à en demander et en appuyer l'examen et le rapport.

RÉTABLISSEMENT

DU

CRÉDIT PUBLIC,

OU

Moyens de faire reparoître le Numéraire, et de procurer aux Assignats la confiance qui leur est due.

LA création des assignats est un bienfait de l'assemblée constituante ; et, certes, c'est à cette heureuse invention, c'est aux émissions multipliées de ce numéraire factice, que la France doit le bonheur de s'être soutenue au milieu des agitations et des conspirations continuelles, et qu'elle doit pareillement la gloire d'avoir abaissé l'orgueil des despotes, d'avoir porté la liberté dans leurs états. Mais quels que soient nos avantages à ces différens égards, les espèces monétaires sont entièrement disparues depuis la création des assignats ; et le crédit public est anéanti.

Il faut enfin apporter des remèdes salutaires à de si grands maux ; mais en cela, nous devons imiter la sagesse des médecins, qui, jugeant des maladies, moins par leurs effets que par leurs causes, vont chercher le mal dans sa source, par la raison qu'en détruisant le principe l'effet ne peut plus exister.

Ainsi donc, pour parvenir à ce but désira

ble, nous allons, dans une première partie, rechercher les causes de la disparution des espèces monnoyées, depuis la création des assignats : dans une seconde, nous examinerons celles qui ont jetté notre papier national dans la défaveur ; et, à la suite de chacune de ces deux parties, nous proposerons nos idées sur les moyens de faire reparoître l'argent monnoyé, et de rétablir le crédit public, en procurant aux assignats la plus juste confiance.

PREMIÈRE PARTIE.

Des causes qui ont fait disparoître le Numéraire, et des moyens d'en ramener la circulation.

LA disparution du numéraire tient à un enchaînement de causes, dont la première, et celle d'où sont découlées toutes les autres, est l'insouciance que l'assemblée constituante a mise à sa circulation. Si cette assemblée, en créant les assignats de cent livres, eût décrété que tout paiement au - dessous de cette somme ne pourroit être fait qu'en argent ; que dans tout paiement de 100 à 200 livres, le particulier auquel il seroit fait, ne pourroit être contraint à recevoir qu'un seul assignat de 100 livres ; et finalement, que tout paiement au - dessus de 200 livres pourroit être refusé, lorsqu'il ne seroit pas offert moitié en espèces, alors l'argent auroit toujours circulé, et peut-être même que, dans les paiemens de sommes considérables, on auroit souvent préféré les assignats à l'argent monnoyé. Qu'on ne dise

pas que cette mesure étoit impraticable, par
la raison que, lors de la création des assignats,
il y avoit déja beaucoup d'argent hors de la
France : j'avoue, qu'avant cette époque, le
gouvernement avoit, pendant plusieurs an-
nées, fait passer à l'Autriche des sommes
immenses ; j'avoue que, lors de cette même
époque, l'orgueil nobiliaire étant déja, sinon
écrasé, du moins renversé, beaucoup de notre
argent étoit passé chez l'étranger avec ces *ci-
devant*, qui croyoient que l'honneur les obli-
geoit à s'expatrier. Mais ces exportations cou-
pables du gouvernement, avoient toujours été
remplacées, en partie, par de nouvelles fabrications qui se faisoient continuellement dans
les hôtels des monnoies ; mais toutes considérables qu'aient été celles faites dans les émi-
grations, comme les nobles n'avoient pu em-
porter que des épargnes, des emprunts ou des
avances sur leurs revenus, il est certain qu'elles
ne privoient pàs l'état de 150 millions. Cependant, pour mettre les choses au pis, sup-
posons ce qui n'étoit pas, c'est-à-dire, que
lors de la première création des assignats, le
numéraire de la France fût réduit aux deux
tiers de son total ; comme ces deux tiers don-
noient encore près de 1640 millions, il ré-
sultoit que cette première création n'étant que
de 300 millions, ne formoit pas le sixième
dans le total du numéraire, qui alors se trou-
voit être de 1940 millions. Ainsi donc, puisqu'il y auroit eu de la possibilité à fournir dans
les paiemens les cinq sixièmes en numéraire, il
y auroit eu, à plus forte raison, de la facilité à
en fournir seulement la moitié,

Je le répète, la disparution du numéraire provient de ce défaut de précautions à maintenir sa circulation concurremment avec celles des assignats ; et cette première cause a donné naissance à toutes les autres qui en sont devenues les suites. En effet, si l'assemblée constituante eût rendu un décret conforme à ce que je viens de dire, chacun ne se seroit pas empressé de resserrer ses écus, pour ne plus laisser paroître que ses assignats, et l'ex-ministre Neker, ne voyant aucune ouverture de spéculation sur nos espèces, n'auroit pas donné naissance au commerce le plus scandaleux, en disant et en écrivant, *qu'il ne voyoit point d'inconvénient à ce que ceux qui donneroient leur argent en échange d'assignats, perçussent un léger intérêt.*

Ah ! il faut le croire, tout savant qu'il étoit, ce ministre, dans l'art des calculs, s'il a vu, que par son assertion inconsidérée, il alloit procurer de grands bénéfices à ceux qui voudroient accaparer notre monnoie, du moins il n'a pas cru que l'abus auquel il donnoit accès, deviendroit bientôt un des plus grands malheurs qui jamais eussent affligé la France. S'il eût prévu cette calamité affreuse où nous sommes réduits, non, quelque partisan qu'il fût de l'agiotage, il auroit cherché à y mettre un frein; il auroit proposé de destiner un fonds en espèces à la trésorerie nationale, pour, sur la responsabilité des commissaires de cette caisse, servir à maintenir l'équilibre, et empêcher le change de s'élever au-dessus d'un taux, dont le *maximum* auroit été fixé.

Mais, comment Neker auroit-il pu entrevoir

l'abîme dans lequel il nous a plongés par sa proposition financière ? Il auroit fallu, pour qu'il l'entrevît, qu'il connût la disposition de l'assemblée constituante ; qu'il sût qu'elle dût, par un décret, défendre de troubler les marchands d'argent. Et cette assemblée constituante, comment a-t-elle pu rendre un tel décret, qui met le numéraire au rang des marchandises ?..... Le numéraite au rang des marchandises !..... Eh ! qu'est-ce qu'une marchandise, sinon une chose dont la valeur est variable en raison de son abondance ou de sa disette, qui, par elle-même, sert à nous nourrir, nous vêtir, nous loger, en un mot, à satisfaire nos goûts ?.... Or, je le demande ici, l'argent numéraire a-t-il, par lui-même, aucune de ces propriétés ? Non ; mais il en a une autre bien plus essentielle, une autre qui est l'objet même de son institution, celle d'être une valeur fixe et invariable, un signe représentatif de toutes les valeurs variables, tant commerciales que foncières. Si le numéraire étoit marchandise, il ne rempliroit plus son objet, puisque sa valeur ne pourroit plus être fixée ni garantie par la nation ; puisque n'étant plus fixée, il ne pourroit plus servir à déterminer invariablement le prix auquel des marchandises ou des immeubles auroient été vendus, et qu'il se trouveroit que ces meubles ou ces immeubles, vendus à un prix, pourroient être remboursés le lendemain moyennant une moindre quantité d'espèces d'or et d'argent, si tant étoit que le numéraire eût augmenté de valeur d'un jour à l'autre. Qu'arriveroit-il en ce cas ? que le numéraire deviendroit inutile, et qu'on seroit forcé d'en revenir un jour au point où l'on en étoit lors de son institution, c'est-à-dire, qu'on seroit obligé de ne plus faire le commerce que par l'échange réel d'un meuble contre un autre meuble, ou d'un immeuble contre un autre immeuble.

Ce décret de l'assemblée constituante, qui, contre les principes, classa le numéraire parmi les marchandises, produisit bientôt tout l'effet qu'avoient pu s'en promettre les grands agioteurs, dont une partie siégeoit dans l'assemblée nationale ; et comme ceux-ci avoient leurs partisans jusques dans les sociétés patriotiques, ils parvinrent, par les raisonnemens les plus absurdes, à persuader, à ceux qui ne voient que par les lumières d'autrui, que les assignats seuls pouvoient avoir une valeur déterminée, mais que l'argent monnoyé devoit varier comme tous les autres objets commerciaux. A l'instant donc le numéraire, étant considéré comme marchandise, forma la branche la plus lucrative du commerce ; et cet effet naturel du décret contre lequel nous venons de nous élever, en achevant d'anéantir la circulation de nos espèces, devint encore la cause de leur disette réelle, par les exportations qui furent alors indispensables et au commerce et à ceux qui passoient chez l'étranger.

Je dis que les exportations devinrent alors indispensables, la raison en est sensible : si en France nous voulûmes bien nous prêter à croire que les assignats restoient exactement à leur valeur décrétée, et que l'argent monnoyé seul pouvoit varier journellement dans son taux, les étrangers n'adoptèrent pas notre manière de voir ni de calculer ; ils prirent nos écus, comme ils les avoient toujours pris, c'est-à-dire, pour ce qu'ils valoient dans la proportion du tarif de leur pays, et eu égard à l'alliage qu'ils renferment ; et, quant à nos assignats, ce fut ce numéraire factice qu'ils ne considérèrent que comme une marchandise, dont la valeur devoit baisser en raison de l'augmention du prix que nous mettions nous-mêmes à nos espèces monnoyées.

Et pourquoi les étrangers auroient-ils donné à nos assignats plus de valeur que nous ne leur en donnions nous-mêmes ? Leur confiance en ce papier-monnoie, ne pouvoit venir qu'à la suite de la nôtre. Mais nos monopoleurs, nos banquiers, dont l'influence égale la cupidité, n'entendoient pas que cette confiance s'établît ; mais la cour, mais les ennemis de la chose publique croyant amener la banqueroute par le discrédit des assignats, et la contre-révolution par la banqueroute et le manquement absolu du monétaire, travaillèrent de concert à ruiner notre crédit national chez les étrangers, et à leur faire passer nos espèces. Il semble même que l'assemblée constituante étoit d'accord pour nous perdre : car non contente d'avoir déclaré que notre monnoie étoit une marchandise, elle rejetta, sans aucune discussion approfondie, toutes les réclamations des départemens, qui demandoient que l'exportation de notre numéraire fût absolument défendu. Ce ne fut qu'après la fuite de Louis XVI et de sa famille, qu'elle rendit un décret pour prohiber cette exportation ; et encore abrogea-t-elle ce décret avant de céder la place à l'assemblée législative.

A 4

Et sur quels motifs s'appuyoit-elle, cette assemblée constituante, pour ne pas défendre, sous des peines rigoureuses, cette désastreuse exportation ? Elle craignoit, nous disoit-on, d'attenter aux droits de liberté et de propriété, et de nuire au commerce. Quelles fausses objections ! Par-tout où je me suis trouvé dans les tems, je les ai combattues, et je vais les combattre ici de nouveau, parce que je crois très-important que la convention nationale se convainque que le décret que la législature a porté contre l'exportation du numéraire, doit être absolument déclaré constitutionnel, au lieu de provisoire qu'il est seulement aujourd'hui.

Premièrement, en examinant si la liberté a pu et peut jamais s'étendre au droit d'exporter le numéraire hors de la république, nous trouvons cette question résolue par l'article IV de la déclaration des droits de l'homme, qui porte : *La liberté consiste à pouvoir faire tout ce qui ne nuit pas à autrui.* — Or, je le demande, l'exportation de notre monnoie ne nuit-elle pas à la nation entière, puisqu'elle lui ravit tous les signes de convention créés et émis pour faciliter les échanges ? Conséquemment donc, puisque cette exportation est contraire au bien public, loin de pouvoir être rangée parmi les actions libres, elle doit être mise au nombre des plus criminelles, et doit en conséquence être proscrite pour jamais.

En second lieu, pour nous convaincre que le droit de propriété ne peut être blessé dans la prohibition permanente de l'exportation du numéraire, voyons si nous sommes vraiment propriétaires individuels de l'argent monnoyé

qui est en notre possession. A cet effet faisons-
nous ces questions : par qui le métal qui compose
ce numéraire a-t-il été acheté? Nous ne pouvons
en disconvenir, c'est par l'état.—Qui en a payé
la fabrication? C'est encore l'état.—Qui nous
repond de sa valeur, qui, comme on le sait,
doit être au-dessus du poids de la matière pure
qu'il renferme (1)? C'est encore l'état.—A quelle
empreinte est-il frappé? C'est encore à celle de
l'état.—Enfin quel est son objet? C'est encore de
circuler dans l'état. Ainsi donc, d'après ces diverses questions et leur solution, il est plus que
constant que le numéraire est la propriété, non
des particuliers individuellement, mais bien du
corps collectif de la république, et qu'il n'est
dans la main de chacun de nous, qu'un gage
transmissible que la nation nous prête, pour
nous faciliter les moyens de nous procurer dans
la proportion de ce même gage, tous les objets
réels de commerce qui sont dans l'état.

Il ne nous reste plus qu'à prouver que l'intérêt
du commerce ne peut jamais exiger que notre
numéraire soit exporté hors de la république.
Sur cela, voyons comment généralement les

______

(1) Dans toutes les nations, l'argent monnoyé renferme
de l'alliage, et le poids de cet alliage a, dans la circulation intérieure, une valeur égale à celle d'une pareille
quantité de matière pure. Cet usage a pour objet,
1°. d'indemniser ces nations des frais de fabrication,
et d'enrichir leur trésor public : 2°. De concerter dans
ces nations la circulation des espèces, en ce qu'elles
ne peuvent avoir ailleurs une valeur aussi forte que
celle qui leur est attribuée dans ces nations mêmes :
Et 3°. d'empêcher les particuliers de fondre ni de travailler la monnoie, en ce que changeant de nature,
elle perd à l'instant une portion de sa valeur.

négociants de différentes nations font leurs achats
et leurs ventes ; nous trouvons qu'excepté en
Hollande et en Espagne , ils stipulent toujours
que les payemens seront faits en monnoie du
pays dans lequel se font les négociations. Ainsi
donc, puisqu'un anglois nous paye en argent de
France les marchandises qu'il achète chez nous ,
puisque de même un Français paye en monnoie
d'Angleterre celles qu'il achete dans ce pays
étranger , il est on ne peut pas plus constant que
l'exportation de notre numéraire n'est pas indispensable dans le commerce. Mais , nous dira-t-
on , pour qu'un Français paye en autre monnoie
que celle de France , les marchandises qu'il
achete en pays étranger , il faut bien lorsqu'il
n'a rien à recevoir dans ce pays étranger , qu'il
exporte du numéraire français , et que par le
moyen du change , il le convertisse en monnoie
du pays dans lequel il a ses engagemens à remplir.
Si cela est vrai , cela est très-rare (1) ; et si cet
usage avoit existé jusqu'ici dans notre commerce
avec l'étranger , il auroit existé de même dans
celui que l'étranger fait avec nous , et par suite
de cet usage , nous aurions vu communément en
France des monnoies étrangères , de même
qu'on auroit toujours vu dans les autres pays
beaucoup de numéraire français. Mais les faits
sont contraires ; les exportations de numéraire,
entre négocians de diverses nations , ne sont que
fictives, et les paiemens se font entre eux par

---

(1) Nous proposerons dans cette première partie
des moyens pour que le commerce ne soit jamais obligé
de faire aucune exportation de numéraire, et pour
qu'il puisse même se passer du change.

des reviremens de banque sur lesquels, à la vérité, le change étranger établit ses calculs, et trouve des bénéfices considérables.

Ce n'a donc pu être qu'à l'aide de sophismes ridicules qu'on est parvenu à faire entendre à l'assemblée constituante que la prohibition de l'exportation du numéraire seroit contraire au commerce, et porteroit atteinte aux droits de liberté et de propriété ; j'ai fait connoitre le contraire, et particulièrement en démontrant que ce numéraire métallique est véritablement la propriété de la nation, j'ai par cela seul prouvé qu'il doit être à jamais défendu de l'exporter.

Mais la prohibition permanente de l'exportation de notre numéraire, mais la circonspection craintive dans laquelle le peuple tient aujourd'hui les agioteurs, ne peuvent seules détruire et reparer nos maux. Et puisque nous connoissons les causes de ces maux, nous devons voir quel doit en être le remède ; nous devons voir qu'il ne peut se trouver, 1°. que dans les moyens de faire sortir des coffres des capitalistes les trésors monnoyés qui y sont enfouis, et de faire rentrer en France le numéraire qui est passé à l'étranger ; 2°. que dans ceux d'assigner au commerce, pour faire ses paiemens hors de France, un mode, qui pouvant être admis chez toutes les nations, le dispense de faire sortir aucun argent monnoyé hors de la république ; 3°. que dans ceux, enfin, de rapporter le décret qui met notre monétaire au rang des marchandises ; de proscrire en conséquence l'agiotage de tout numéraire réel ou fictif ; et de décréter que dans tous les paiemens faits en banque, ou de particulier à particulier il entrera toujours une portion d'argent-espèces, suivant les proportions qui seront déterminées par la loi.

Tel est le texte des mesures qui nous paroissent propres à dissiper la calamité qui nous accable, et à nous préserver à jamais de son retour : pour les rendre sensibles, nous allons entrer dans l'examen de ce qui a rapport à chacune d'elles séparément.

Parlant d'abord des moyens de faire sortir des coffres des particuliers l'argent qu'ils y tiennent enfoui, et de faire rentrer en France celui qui en est sorti, nous dirons que, si, d'un côté, la crainte des évènemens a, dans le principe, engagé les gens timides à resserrer le numéraire qu'ils possédoient ; que, si, d'un autre côté, les grands capitalistes, pour augmenter le produit de l'ogiotage, n'ont plus voulu, depuis la création des assignats, laisser en circulation que ce papier-monnoie ; que, si, de même, depuis cette époque, l'aristocratie a cru devoir, par toutes les manœuvres possibles, faire passer notre argent aux étrangers, afin d'aggraver la misère publique, et d'amener la contre-révolution, beaucoup d'autres personnes, sans être dirigées par la crainte, ni par aucune intention de concourir au retour du despotisme, croyent encore aujourd'hui qu'il est de leur intérêt de garder leur numéraire jusqu'à ce qu'un décret lui ait donné une augmentation relative au prix des matières pures d'or et d'argent. Il ne faut point se le dissimuler, ce décret est indispensable, l'agiotage ayant porté en France l'argent métallique au-dessus de son taux, et l'augmentation de notre tarif ayant pareillement influé sur celui des nations voisines, notamment sur celui de la Hollande et de l'Angleterre (1).

Mais, pour rendre ce décret, il paroît nécessaire que la convention consulte les tarifs existans chez les nations voisines, afin d'assigner à notre monnoie une valeur, non-seulement proportionnée à celles des matières pures, mais encore relative au tarif des monnoies de ces autres nations.

Ce n'est pas tout ; pour que ce décret produise infailliblement tout l'effet qu'il doit produire, nous croyons que l'assemblée nationale doit : 1°. ordonner la refonte générale de toutes les espèces d'or et d'argent ; 2°. fixer un délai aux particuliers pour porter aux hôtels des monnoies le numéraire qu'ils ont en leur possession, et en recevoir d'autre en paiement ; 3°. déclarer que, passé le délai prescrit, les monnoies actuelles ne seront prises que pour la valeur de la matière pure qu'elles renferment.

Ce décret, n'en doutons pas, rempliroit le double objet qui l'auroit fait rendre ; car il est bien certain que ceux qui tiennent en France leur argent resserré dans leurs coffres, l'en feroient sortir, pour ne pas perdre la valeur attachée au poids de l'alliage ; et que de même les étrangers seroient bien-aises de trouver dans ce même alliage une valeur que la France seule peut lui donner, et qui les mettroit à portée de faire avec nous des négociations avantageuses.

Parlant ensuite des moyens de dispenser le commerce d'exporter notre monnoie à l'étran-

____

(1) La guinée vaut actuellement en Angleterre 26 livres tournois.

ger, pour y faire ses paiemens, nous ne ferons que proposer des usages reçus en Hollande, en Espagne et dans plusieurs colonies. En Hollande, il y a deux sortes de ducats ; et de même en Espagne, il y a deux sortes de piastres, les unes mêlées d'alliage, et frappées aux empreintes de ces nations, chez lesquelles elles sont destinées à circuler, et où elles ont, comme nos écus l'ont en France, une valeur déterminée et au - dessus de leur poids ; les autres, de matière pure, appartenant aux négocians, frappées à leurs coins, et destinées à faire leurs paiemens, tant dans l'étranger que dans les états qu'ils habitent : à ce moyen, les monnoies nationales de ces pays sont absolument consacrées à la circulation intérieure de ces pays mêmes, d'où elles ne sortent jamais.

Or, pourquoi la Hollande et l'Espagne ne nous serviroient-elles pas d'exemple en ce point? Pourquoi rejetterions-nous cet exemple, qui a pour lui le triple avantage de simplifier les opérations du commerce, de réduire à rien l'usage ruineux des changes étrangers, et d'empêcher que la fortune nationale, c'est-à-dire, les espèces monétaires, sur lesquelles l'état a un bénéfice égal à l'alliage, ne passent en pays étranger? Déjà même, et depuis long-temps, la ville de Lyon a senti tous les abus du change, et en conséquence elle a établi un affinage, de sorte que, dans son commerce avec les autres nations, les paiemens se stipulent exigibles en matière pure d'or et d'argent, ou, si l'on veut, en lingots.

Bien des personnes, je le sais d'avance, vont

regarder ma proposition comme pitoyable, et
me demanderont, avec quoi, lorsque nous
n'avons plus de numéraire, nos négocians pourront acheter des matières pour faire leurs paiemens à l'étranger ? On a vu à l'instant que j'ai
indiqué les moyens de faire rentrer prompte-
ment en France les espèces monnoyées qui en ont
été exportées ; on a vu de plus que si des raisons de cupidité retiennent présentement dans
les coffres-forts le numéraire des capitalistes,
j'ai donné les moyens de le faire sortir. Mais
en supposant que ce que j'ai dit sur ces deux
points ne soit pas déjà une réponse destructive
de l'objection proposée, et que nous n'ayons
ni monétaire, ni moyens de faire rentrer
celui qui est hors de chez nous, ce ne seroit
pas une raison pour que nos négocians ne
pussent, dans leurs traités avec les étrangers,
s'obliger à faire leurs paiemens en matière pure
d'or et d'argent. De deux choses l'une, ou ils
exporteroient des marchandises en pays étranger, d'où ils en auroient tirées, ou ils n'y en
exporteroient pas. Dans le premier cas, qui est
le plus ordinaire dans le commerce, en vendant
aux mêmes conditions qu'ils auroient acheté,
il n'auroient qu'à recevoir pour payer : dans le
second, ils auroient encore l'expédient des
reviremens de banque, et ce ne seroit que
dans l'extrémité où ils ne pourroient trouver
des effets de valeur égale à ceux qu'ils auroient
à acquitter, qu'ils seroient obligés d'acheter des
matières d'or et d'argent. Mais, dans ce dernier cas, ils les acheteroient, soit en autre
pays étranger, avec des effets équivalens, ou
avec des marchandises qu'ils y feroient passer,

soit en France , avec des assignats ou des marchandises (1).

Ainsi donc , en établissant dans les principales villes de la France, des affinages pour
le commerce, tel qu'il en existe un à Lyon ;
en donnant aux négocians françois le droit
qu'ont les négocians hollandois et espagnols
de frapper à leur coin de petites pièces d'or
ou d'argent , on peut prohiber pour jamais
l'exportation du numéraire national. Par ce
moyen, la France , non-seulement ne seroit
pas exposée à perdre continuellement celui
qu'elle a ; mais encore elle augmenteroit annuel-
lement sa richesse, par les nouvelles monnoies
qu'elle feroit fabriquer, et dont une partie de la
matière continueroit de lui être fournie par le
commerce de piastres espagnoles et des ducats
hollandois, et même par l'achat de ces pièces
étrangères que les négocians françois feroient
entrer dans l'intérieur de la République.

Venant maintenant au décret à rendre, tant pour
défendre l'agiotage de tout numéraire réel et fictif, que pour ordonner que, dans les paiemens, il
y aura toujours une portion d'argent-espèce, nous
dirons que ce décret seroit fondé sur les principes
de la justice et de la raison. En effet, relativement
à l'agiotage, si les assignats sont réellement un
numéraire qu'on peut convertir à l'instant en
meubles ou en immeubles , il est constant qu'ils

---

(1) Par la suite , les négocians pourroient aussi
acheter en France les lingots dont ils auroient besoin
pour leurs payemens , avec des espèces monnoyées ;
et par-là, en même-tems qu'ils n'éprouveroient aucune
perte sur l'alliage , ils conserveroient à l'état le moné-
raire national.

ne

ne peuvent être assimilés à des billets de
commerce susceptibles d'un escompte plus
ou moins fort, en raison du plus ou du moins
de confiance qu'inspirent les signataires , et du
temps à courir jusqu'à l'époque du rembour-
sement ; et de même, si, comme nous l'avons
démontré , l'argent monnoyé n'est point une
marchandise , mais bien un signe représentatif
de tous les objets de commerce, un signe dont
la loi seule a le droit de déterminer la valeur , il
est également constant que cette valeur, une
fois fixée , ne peut plus varier , ni en plus
ni en moins. Par ces raisons , ce décret que
nous demandons ne doit déjà point éprouver
de difficultés relativement à la défense de l'agiotage : et quant à l'obligation de fournir dans
les paiemens une portion déterminée d'argent
monnoyée , elle ne doit également en éprouver
aucune ; car enfin , puisque le numéraire réel
et fictif ont véritablement la valeur fixée par
la loi , ils doivent l'un et l'autre circuler de pair;
et puisque , comme nous l'avons prouvé , ils sont
véritablement encore la propriété nationale , la
loi peut en régler et en forcer la circulation ,
suivant que l'intérêt de la patrie l'exige.

Cela posé, la Convention nationale ne doit
donc pas hésiter ; 1°. de proscrire absolument
l'agiotage, à compter néanmoins d'une époque
reculée à un mois ou six semaines du décret,
afin que ceux qui seroient obligés d'entrer en
paiemeut avant d'entrer en recette, pussent se
procurer le monétaire dont ils auroient besoin;
et, 2°. d'ordonner qu'à compter de la promul-
gation du décret pour les négocians, et du
terme accordé à l'agiotage pour les autres par-

B

ficuliers , tout paiement de 25 liv. et au-dessus pourra être refusé par le créancier , et ne pourra être forcé par le débiteur , si, dans le montant du capital , il n'est offert au moins un cinquième en argent (1).

J'entends bien qu'on va m'objecter qu'une telle mesure mettro't ceux qui n'ont que des assignats , dans la nécessité d'en changer une partie pour faire passer l'autre. Je conviens de cette vérité , et c'est même pour faciliter ce premier change que je propose de ne défendre l'agiotage qu'à compter d'un mois ou six semaines de la date du décret. Mais ce premier change ne blessera que ceux seuls qui seront obligés de faire des paiemens avant de pouvoir recevoir. D'après qu'il sera opéré , tout est rétabli , parce que , si l'on ne peut payer que de cette manière , du moins on ne pourra être forcé de recevoir autrement.

Je ne puis croire qu'on m'objecte encore qu'il y auroit de l'impossibilité à forcer la circulation de ce cinquième d'argent-espèce , puisque ce seroit prétendre , contre toute vérité , qu'il n'existe pas en France 500 millions de numéraire réel , sur deux milliards 500 millions , qui, comme nous l'avons dit , y existoient il y a cinq ans. On conçoit combien cette objection seroit ridicule , sur-tout, lorsque, par les moyens que j'ai proposés précédemment , il est plus que probable que la plus grande partie de l'argent monnoyé qui est hors de la République , y ren-

____

(1) Par la suite , la proportion de l'argent pourra être augmentée graduellement dans les payemens, à mesure qu'il deviendra moins rare.

treroît sans aucun retard , et sur-tout encore lorsque , par l'admission des propositions que nous allons faire dans la deuxième partie , les assignats obtiendroient dans le commerce , une confiance égale à celle dont le numéraire réel y a toujours joui.

SECONDE PARTIE.

Des causes qui ont empêché les Assignats d'obtenir la confiance qui leur est due , et des moyens de rétablir le crédit public , en établissant cette confiance.

J'ENTENDS dire fréquemment que quand , dans un état , il y a une monnoie forte et une monnoie foible , la monnoie foible ne peut se soutenir contre la monnoie forte ; et tirant la conséquence de ce principe , on soutient que cette seule raison empêchera toujours les assignats de circuler en parité avec l'argent monnoyé. Le principe est vrai ; mais l'application est fausse. Par exemple, en Loraine, à Genève , en Savoie , en Suisse et dans differens petits états de l'Allemagne , il y a une monnoie forte , qui est celle de France , et une monnoie foible qui est celle du pays ; mais en France, quoiqu'il y ait deux sortes de monnoies (l'argent et le papier), elles n'ont pas , ainsi que nous l'avons démontré , plus de valeur l'une que l'autre. Ce n'est donc pas là qu'est la cause qui a , dès l'abord , éloigné la confiance que les assignats appelloient, et qu'ils méritoient à bien plus juste titre que n'avoient pu l'obtenir les billets de la caisse d'escompte, qui , il y a six ans, étoient préférés à de l'argent-espèce. Cette caisse n'étoit pourtant garantie que par des particuilers, et les assignats ont la nation entière pour caution, et ont encore une hypothèque spéciale sur les biens nationaux. Certes! cette hypothèque est un avantage que n'a nulle autre caisse de l'Europe ; car presque toutes ne se soutiennent que par une confiance, qui n'est fondée sur aucune base solide.

Mais quelles sont donc les causes qui ont fait refuser aux assignats cette confiance qui leur étoit due? C'est, 1°. les manœuvres de l'agiotage et de l'aristocratie ; et c'est, 2°. la crainte des contrefaçons rendues faciles par la difficulté où le public étoit de faire les vérifications.

Comme dans la première partie de ce mémoire nous avons indiqué les moyens de détruire l'agiotage, de rendre nuls les projets de l'aristocratie, et d'assurer aux assignats un cours facile, et au pair de l'argent monnoyé, il ne nous reste plus qu'à indiquer des mesures propres à détruire la seconde cause qui s'est opposée à l'établissement de la confiance qu'appelloit, avec justice, notre papier national.

Ces moyens consistent à retirer du commerce tous les faux assignats qui y sont en circulation, et à prévenir à l'avenir toutes contrefaçons, tant par des précautions nouvelles, que par des facilités qui rendent, aux particuliers, les vérifications certaines et promptes dans toutes les parties de la république.

D'abord, pour retirer du commerce tous les faux assignats qui y circulent, on conçoit qu'il est indispensable d'en faire un appel général, et de suite la vérification et la reconnoissance. Mais comme les petits assignats de 5 livres ont été numérotés ; que ceux de 50 livres et au-dessus ont en outre été signés, et que les registres de numérotage et signature sont tous à Paris, on conçoit qu'il est impossible que ces premières opérations, que nous proposons pour ces assignats particulièrement, puissent se faire ailleurs qu'à Paris. Mais d'un côté pour éviter l'engorgement dans ces opérations, et d'un autre, pour ne pas retirer à la fois la totalité des papiers nationaux des mains des propriétaires, nous croyons qu'il doit être indiqué trois époques, la première pour les assignats de 500 livres et au-dessus, la deuxième pour ceux de 100 livres à 500 livres, et la troisième pour ceux de de 50 livres à 100 livres. Afin de me faire mieux entendre, je dirai : que les assignats de 500 livres et au-dessus pourroient être envoyés ou remis aux bureaux dans le mois de mars 1793, pour être vérifiés, reconnus et rendus aux propriétaires dans le mois d'avril ; que ceux de 100 livres à 500 livres pourroient être rémis ou envoyés aux bureaux dans le mois d'avril, pour la vérification en être faite dans le mois de mai ; que pareillement ceux de 50 livres à 100 livres seroient remis aux bureaux dans le mois de mai, et vérifiés dans celui de juin. Quant aux billets de 5 livres, ils pourroient être déposés et vérifiés dans le courant de ces trois époques, en partageant la totalité de ces assignats suivant leur création, ou le nombre de leurs séries (1).

---

(1) Quoique l'enregistrement et le numérotage des assignats ne soient que sur des livres simples, néanmoins les opérations de la vérification pourroient aller

En disant que ces assignats seroient remis par les particuliers dans un mois indiqué, pour être reconnus et vérifiés dans le mois suivant, je n'entends pas que chacun enverroit, ou remettroit, ou feroit remettre directement aux bureaux de vérification les assignats qui lui appartiendroient. Cette forme seroit embarassante pour les habitans des départemens, et surchargeroit considérablement les bureaux par des enregistremens multipliés. Pour éviter cet embarras et cette surcharge, nous croyons que les particuliers pouroient être assujettis à remettre leurs assignats dans le mois indiqué; savoir: dans les départemens à un bureau que chaque directoire de district établiroit à cet effet; et à Paris également, à un bureau qui seroit ouvert dans chacune des 48 sections. En conséquence, ces bureaux feroient parvenir à ceux de vérification, en masse et avec des états détaillés, tous les assignats qui leur auroient été remis divisément. Ces mêmes bureaux de district dans les départemens, et de section dans Paris, en recevant chaque assignat des mains des propriétaires, les enregistreroient au nom de ceux-ci, et les feroient signer au dos, soit par eux, s'ils savoient signer, soit par tous autres que ces propriétaires présenteroient, s'ils ne pouvoient signer eux-mêmes.

D'après ces préalables, la vérification que nous demandons se feroit à Paris, dans les formes que nous proposerons à l'instant; et lorsqu'elle seroit faite, les assignats seroient ren-

---

vîte, en ce qu'on pourroit y travailler jour et nuit, et qu'à cet effet les commis qui y seroient employés pourroient être quadruplés, et se relever successivement de trois heures en trois heures.

voyés par la poste, qui en chargeroit ses livres,
aux bureaux d'où ils seroient arrivés. Et pour
ôter aux voleurs toute idée d'arrêter les courriers
de la poste, dans l'intention de s'enrichir par le
pillage des malles, il pourra être réglé que chaque bureau de district ou de section, avant de
remettre les assignats aux propriétaires, les
marqueroit de l'estampille du département; et
que faute de cet estampillage, les assignats vérifiés ne pouroient être reçus dans la circulation.

Je crois que ces mesures préalables et finales
paroîtront sages. Mais en convenant que la pru-
dence les exige, peut-être m'objectera-t-on, avant
même de vouloir passer à l'examen des formalités
principales de la vérification, que cette même
vérification devant obliger les propriétaires à se
désaisir de leurs assignats pendant deux mois,
deviendroit, par ce désaisissement, nuisible à
leur aisance et à leur commerce. J'avoue que
cet inconvenient pourroit avoir lieu; mais, pour
le prévenir, je propose d'ordonner que les bulletins de reconnoissance qui seroient délivrés aux
particuliers dans les bureaux de district et de
section, lorsqu'ils y remettroient des assignats
qui ne paroîtroient pas suspects, auroient le
même cours que les assignats même pendant
tout le tems de la vérification. A cet effet, ces
bulletins seroient estampillés, numérotés, et
de plus seroient signés par des commissaires
nommés par les directoires de district, lesquels
directoires prendroient en outre toutes les précautions de sûreté qui leur paroîtroient conve-
nables.

En proposant de n'accorder ces bulletins, qui
auroient cours dans l'arrondissement, qu'en

échange d'assignats qui ne paroîtroient pas suspects, j'évite des fraudes de la part de ceux qui
seroient fort aises de pouvoir mettre en circulation un bulletin revêtu de la confiance publique,
en échange de faux assignats; et en conséquence
relativement à ces assignats sur la validité desquels il s'éleveroit quelque doute, les bulletins
de reconnoissance qui en seroient délivrés, pourroient être en papier de couleur sans estampille,
et sans autre signature que celle du commis char-
gé de l'enregistrement et de la délivrance. De
plus, même à l'égard des bulletins qui seroient
délivrés en échange d'assignats qui paroîtroient
bons, comme ces bulletins ne seroient encore
que de simples soumissions par les bureaux de
remettre en définitif ces assignats déposés quand
la vérification en seroit faite, les personnes aux-
quelles ils seroient successivement passés en
paiement, pourroient exiger l'endossement de
ceux qui les leur donneroient, afin de pouvoir,
si les assignats étoient déniés à la vérification,
exercer leur recours d'endosseur en endosseur
jusqu'au premier propriétaire de ces mêmes
bulletins.

Venant présentement aux formalités principales
à remplir par les bureaux de vérification, ces formalités résulteroient, comme de raison, et de l'e-
xamen des régistres de signature et de numérotage, et des instructions qui seroient données par
la commission des assignats et les commissaires de
la trésorerie nationale. Ces formalités ne se bor-
neroient pas là; lorsque les assignats seroient
reconnus faux, ils seroient bâtonnés, comme
nous l'avons dit, et de plus, ils seroient tim-
brés d'une estampille de rebut; mais lorsqu'ils

seroient reconnus bons , ceux de 50 livres et de toutes sommes au-dessus , seroient marqués au dos avec une griffe qui y formeroit légèrement 16 cases. Dans l'une de ces cases , il seroit mis un numéro de vérification, qui seroit ensuite reporté , soit sur un registre particulier qui correspondroit à ceux des signatures et numérotages précédens , soit sur un registre nouveau , qui tout-à-la-fois tiendroit lieu de ceux anciens. Mais dans l'un ou l'autre cas , le livre où ce numéro de vérification seroit inscrit, porteroit pareillement l'énonciation , et de la case dans laquelle ce numéro seroit placé , et des noms et pays des propriétaires des assignats, lesquels noms, et pays se trouveroient, comme nous l'avons dit , inscrits au dos de chaque assignat.

Quant aux assignats de 5 livres, ils ne seroient assujettis à aucun nouvel enregistrement ni numérotage , par les raisons qu'on verra , lorsque je parlerai des assignats de petites coupures : seulement, ils seroient timbrés au dos par une estampille , qui indiqueroit aux bureaux de district ou de section auxquels ils seroient renvoyés , qu'ils ont été reconnus bons , et qu'ils peuvent leur donner cours dans leur ressort , après toutefois avoir encore pris par eux les précautions qui seront indiquées ci-après.

Telles seroient les formalités principales de la vérification des assignats qui ont été assujettis à la signature , ou simplement au numérotage ; et on ne peut disconvenir qu'elles seroient les seules propres à retirer absolument du commerce tous les faux qui y circulent aujourd'hui. On ne peut disconvenir encore que ces mêmes forma-

lités, qui multiplieroient les signes de reconnoissance, et qui seroient variées dans chaque assignat, rendroient à l'avenir toute contrefaçon.
impossible (1).

Cependant, quelqu'impossible qu'il seroit aux
contre-facteurs, d'après ce que nous venons de
dire, de réussir à donner aux faux assignats les
caractères apparens de la réalité, peut-être néanmoins feroient-ils encore des tentatives, et peut-
être même parviendroient-ils à passer quelques-
uns de leurs faux papiers, si, la vérification ne
pouvant s'en faire à l'avenir qu'à Paris seul, ils
pouvoient espérer qu'on renonceroit à compulser
les registres de reconnoissance. Mais pour leur
ôter toute ressource à cet égard, et pour, en
même tems, les tenir continuellement dans la
crainte d'être découverts, je propose de faire
imprimer les registres de numérotage, signature,
enregistrement, etc. (2) sous les yeux de commissaires, qui veilleroient à ce qu'il n'en fût tiré
d'exemplaires que le nombre relatif à la quantité
de sections et de villes chefs-lieux de district, à chacune desquelles il en seroit remis
une collection complette. Ces livres seroient
soigneusement gardés dans ces villes et sections,
et n'y seroient ouverts que par la personne
seule que les municipalités commettroient, pour
faire à toutes réquisitions les vérifications d'assignats qui lui seroient représentés. Et pour faci-

---

(1) Nous parlerons dans un instant des assignats de
petites coupures, et ce que nous dirons préviendra
toute idée de contrefaçon.

(2) Il ne seroit rien imprimé relativement aux assignats de 5 livres. On en verra les raisons ci-après.

liter d'autant plus encore ces vérifications, les personnes qui auroient signé les assignats de 50 livres et au-dessus, lors de leur première délivrance, donneroient également sur chaque exemplaire des livres dont nous venons de parler, leurs signatures, figurées en tête de l'enregistrement de chaque série.

Mais quoique tout particulier auroit le droit de se présenter au bureau de son district ou de sa section, pour y faire reconnoître les assignats dont il seroit porteur, il seroit bon néanmoins d'adopter un moyen de rendre les vérifications peu fréquentes : pour cela, nous proposons de faire signer par les gardiens des registres de reconnoissance, chaque assignat qui leur seroit représenté pour la première fois ; de sorte que leurs signatures étant connues dans leurs arrondissemens, ou on s'en rapporteroit à elles, ou ces gardiens eux-mêmes n'auroient qu'un coup-d'œil à y jetter, lorsqu'on les leur représenteroit. Il en seroit usé de même, lorsqu'un assignat passeroit d'un district dans un autre ; et par-là, les vérifications ne seroient dans aucun département ni longues, ni multipliées.

Toutes les mesures que nous venons de proposer seroient observées lors de toute émission de nouveaux assignats de 50 livres et au-dessus ; seulement ces assignats n'auroient point au dos le nom et le pays de la personne à laquelle la première délivrance en seroit faite ; mais à mesure de chaque délivrance, ou même avant de la faire, les enregistremens, numéros, signatures, et autres signes de reconnoissance, seroient imprimés et envoyés dans chaque section de Paris, et dans chaque ville et chef-lieu de district.

Je sais fort bien que ces mêmes mesures, principalement celles de la vérification, nécessiteroient des dépenses considérables (1) ; mais quelles qu'elles puissent être, elles ne seroient nullement à regretter, lorsqu'elles serviroient à empêcher la banqueroute nationale, prévenir les ruines particulières, et sur-tout lorsqu'elles devroient infailliblement relever le crédit public.

Après avoir traité de la vérification des assignats de 50 livres et de sommes au-dessus, et de même des nouvelles formalités à observer, en cas qu'il en soit émis de nnuveau, je dois parler des assignats de petites coupures, depuis 10 sols jusqu'à 25 livres. Quoique ces petits assignats soient très-récemment mis en circulation, le public manifeste les craintes les plus grandes, et sur la possibilité d'outrepasser dans les émissions le montant des sommes décrétées, et sur la possibilité des contrefaçons, rendues faciles par le défaut de numérotage et de signatures. Je ne puis être d'accord avec la partie du public, qui pense qu'il pourroit y avoir de la fraude dans les émissions ; mais je crois avec lui, que tels que ces assignats sont aujourd'hui, la contrefaçon peut être tentée avec succès, parce qu'en effet l'art du burin est infiniment plus imitable dans ces sortes d'ouvrages, que ne peuvent l'être des signatures et des numéros, qui étant faits à la main, sont vraiment l'œuvre de la nature.

J'avoue que les enregistremens, signatures et numérotages d'une quantité aussi immense de

---

(1) Ne pourroit-on pas s'indemniser de ces dépenses, par la perception de légers droits de vérification.

petits assignats que celle qui a été décrétée, auroient occasionné une dépense très-considé-rable ; je conviens encore que ces formalités auroient beaucoup retardé l'époque de l'émis-sion qui étoit infiniment pressante, et qu'à ces deux égards on doit de la reconnoissance aux vues d'économie, et aux sentimens populaires que le comité des assignats a manifestés ; mais je pense que pour éviter toutes les suspicions et concilier tous les intérêts, on auroit pu faire remettre à chacun des directoires de district dans les départemens, et dans Paris à chacune des sections, une quantité de ces petits assignats, relative à la circulation nécessaire aux besoins journaliers, pour ces assignats être, sans aucun frais, numérotés et enregistrés par série, tim-brés au dos d'une estampille au nom du district ou de la section, et signés d'un commissaire et du gardien des registres de numérotage et signa-ture (1).

Si l'on eût adopté ce mode pour distribuer les petits assignats et prévenir leur contrefaçon, les commissaires des sections de Paris et des directoires de district dans le département, auroient donné leurs reçus du montant de ces valeurs qui leur auroient été confiées, et ç'auroit été sur ces reçus que la trésorerie nationale auroit établi sa comptabilité. Quant à la manière dont ces assignats seroient sortis des sections de Paris, une partie auroit été rapportée à la trésorerie natio-

______

(1) Ces registres non-imprimés auroient servi dans chaque arrondissement à faire la vérification à venir des petits assignats, de même que ceux imprimés et relatifs aux assignats de 50 livres et de sommes au-dessus, doi-vent servir dans toutes les villes, chefs-lieux de district, à faire la vérification de ces billets de grandes coupures.

nale, et une autre partie auroit été délivrée au public, en échange d'assignats plus considérables. Il
en auroit été de même dans les directoires de district des départemens; une partie de ces petits billets nationaux auroit été donnée aux particuliers,
en échange d'autres de sommes plus fortes, et
l'autre partie auroit été versée aux caisses des
arrondissemens.

Mais ce qui n'a pas été fait dans le principe,
peut l'être aujourd'hui; et comme l'émission
entière des assignats de petites coupures est encore loin d'être à son complément, nous proposons de mettre en usage, pour tout ce qui est
encore à en délivrer, les mesures dont nous venons
de parler : en conséquence, nous demandons
qu'à l'avenir tous les petits assignats soyent envoyés, à mesure de leurs fabrications, aux directoires de district des départemens et aux comités
des sections de Paris, qui, les uns et les autres, après avoir revêtu ces petites coupures des
formalités prescrites, en renverroient une partie
aux caisses qui leur seroient indiquées, et em-
ployeroient l'autre à faire, dans un tems limité,
l'échange de pareils assignats qui son présentement en circulation ; et ces petits assignats,
ainsi rentrés par l'échange, seroient, ou renvoyés
aux caisses, ou changés de nouveau contre
d'autres, après avoir été revêtus des mêmes
formalités.

Les assignats de 5 livres qui auroient été
reconnus à Paris, aux bureaux de vérification,
et desquels nous avons remis à parler, lorsque
nous traiterions de ce qui seroit relatif aux petites
coupures, ces assignats de 5 livres, dis-je, tant
déjà fabriqués et reconnus, qu'à fabriquer par

la suite , étant eux-mêmes des petites coupures ,
seroient assujettis aux mêmes formalités que
celles qui seroient ordonnées pour tous les assignats au-dessous de 50 livres.

Sans contredit , ce que nous venons de proposer pour les petits assignats rempliroit son
objet , celui d'empêcher leur contrefaçon ,
par la dificulté d'imiter les points de reconnoissance faits à la main , et par la facilité de véri-
fier la validité de ces papiers ; mais peut-être
qu'en convenant de la solidité de nos moyens ,
on nous objectera qu'ils réduiroient les petites
coupures à ne circuler que dans l'étendue des
districts environnant ceux où elles auroient été
signées , numérotées , enrégistrées et estam-
pillées. Je ne disconviendrai point que cela ne
doive être l'effet de ces moyens ; mais on ne
désavouera pareillement pas que de telles mesures
auroient pour elles l'avantage de conserver dans
chaque arrondissement les petits assignats qui
leur seroient destinés , et qui n'étant que de la
monnoie , propre à faciliter aux particuliers l'a-
chat des menues denrée snécessaires à leur con-
sommation journalière, n'entrent ordinairement
que pour des appoints dans les grandes opérations
de commerce : d'ailleurs , les personnes qui seroient chargées de beaucoup de ces petits assignats , trouveroient aisément à les échanger
contre d'autres de coupures plus fortes ,
dont la circulation seroit facile dans toute la
république. Mais au surplus, ces légères entraves , si toutefois on pouvoit considérer
comme entraves la circonsctiption de la circulation des petits assignats , ne seroient nullement
sensibles , en comparaison des inquiétudes que

donne la crainte des contrefaçons. Loin donc de s'attacher à des objections minucieuses contre des moyens puissans, que l'on considère que tout ce que nous avons proposé, relativement au numéraire réel et aux assignats en général, rétabliroit par-tout la confiance, par conséquent le crédit public; et que dès-lors le monétaire reparoissant et circulant comme il y a cinq ans, le gouvernement seroit obligé de retirer du commerce tous les assignats, non-seulement depuis 10 sols jusqu'à 50 livres, mais même successivement ceux depuis 50 livres jusqu'à 200 livres.

Puissions-nous parvenir bientôt à cette époque désirable, qui rendra la république française aussi florissante que ses armes sont victorieuses!

De l'Imprimerie de Cl. F. Cagnion, Imprimeur de la section des Sans-culottes, place Dauphine, n°. 31.